Brève Histoire de Notre Dame du Bon Succès et Neuvaine

Je suis Marie du Bon Succès
La Reine de la Victoire

Dolorosa Press
St. Saviour's House
St. Agnes Avenue
Bristol BS4 2DU

Brève Histoire de Notre Dame du Bon Succès et Neuvaine

Droit d'auteur © 2013 par Paul M. Kimball
Tous droits de reproduction réservés.

Aucune partie de ce livre ne peut être reproduite ou transmise sous quelque forme ou par quelque moyen que ce soit, électronique ou mécanique, y compris par un quelconque système de récupération, sans l'autorisation écrite du titulaire du droit d'auteur. Seul y est autorisé un éventuel exégète qui peut citer de brefs passages dans une critique.

ISBN: 978-0-9883723-2-0

Des exemplaires supplémentaires disponibles à partir de Dolorosa Press à http://www.dolorosapress.com/

Mère Mariana de Jésus Torres et Berriochaoa

Une âme prédestinée

L'Homme moderne est habitué à croire seulement en ce qu'il voit et à considérer les personnes pour ce qu'elles ont et non pour ce qu'elles sont.

A cause de cela, il lui est difficile de comprendre la vie retirée qu'est la clôture, au milieu des sacrifices et des prières et dans laquelle, de nombreuses fois, la Divine Providence fait ses plus grandes révélations.

La Mère Mariana de Jésus Torres, une des fondatrices du Monastère Royal de l'Immaculée Conception de Quito, fut une grande mystique qui embrassa l'état de perfection évangélique selon l'enseignement de Notre Seigneur Jésus Christ, l'élevant au grade d'héroïsme.

Dieu la choisit pour être dépositaire d'une série de révélations à propos du siècle dans lequel elle vécut et aussi dans les siècles à venir.

Née en Espagne dans la province de Vizcaya en 1563, Mariana sentit très tôt la vocation religieuse.

Sa vie, dès l'âge de 13 ans, fut une continuelle communication avec le surnaturel.

C'est ainsi qu'avec la permission du Roi Philippe II, elle quitta son pays pour Quito, accompagnant sa tante Marie de Jésus Taboada et d'autres religieuses, afin d'établir le premier monastère aux Amériques en l'honneur de l'Immaculée Conception.

Cet Ordre avait été fondé quelques décennies auparavant en terre espagnole par une religieuse portugaise, Sainte Béatrice de Silva.

Par la suite, le catholicisme prospéra dans la province royale de Quito à un rythme sûr et vainqueur.

C'était la réussite de la Foi implantée grâce à la ferveur des missionnaires, permise par l'intrépidité des colons et des conquistadors ainsi que par la bonté des indigènes.

De ce passé glorieux restèrent comme héritage, pour les Equatoriens d'aujourd'hui, une Foi, une piété admirable et de nombreux sanctuaires mariaux dédiés à la Très Sainte Vierge que rappellent ses apparitions et ses innombrables faveurs.

Dans plusieurs de ces sanctuaires existent de très belles images particulièrement vénérées par les pèlerins de tout le pays. Pour tout cela, on peut bel et bien considérer l'Equateur comme le reliquaire des Amériques.

Couvent de l'Immaculée Conception à Quito

A l'attention d'une demande du conseil municipal et des premières familles de Quito, Sa Majesté catholique Philippe II envoya le groupe de religieuses fondatrices mené par la Révérende Mère Dona Maria de Jésus Tabaoda, cousine du Roi.

Le serpent infernal

Les puissances infernales ne pouvaient supporter la divulgation sur la terre de la dévotion à l'Immaculée Conception.

Elles déchaînèrent alors une terrible tempête qui menaça de faire naufrager le navire sur lequel voyageaient les religieuses espagnoles.

Au milieu de la tourmente, la Mère Marie et sa nièce aperçurent un monstrueux serpent qui, agitant les vagues, tentait de détruire la fragile embarcation.

La petite Marie lança un cri et tomba évanouie pendant que sa tante demandait à Dieu de les aider dans ce moment difficile. Sa prière terminée, la tempête cessa miraculeusement.

Cependant, à la venue de l'aube, se fit entendre le grondement d'une terrible voix qui disait : « Je ne permettrai pas la fondation ; je ne permettrai pas qu'elle progresse ; je ne permettrai pas qu'elle vive jusqu'à la fin des temps et je la poursuivrai à tout moment ».

A leur arrivée à Quito, le 30 Décembre 1576, les fondatrices espagnoles furent reçues avec grande joie et s'installèrent dans le monastère dont les murs de la clôture étaient encore en construction.

Très vite, poussées par une ferveur grandissante, plusieurs jeunes filles de la ville commencèrent à être admises dans la vie du couvent.

Fondation

Le 13 Janvier 1577, est fondé le Monastère royal de l'Immaculée Conception, premier couvent de religieuses cloîtrées en Equateur et également premier couvent de l'Immaculée Conception en Amérique latine, lorsqu'un frère franciscain reçut la profession religieuse des sept fondatrices.

Elles étaient les premières épouses de Notre Seigneur Jésus Christ en terres équatoriennes.

Statue de Notre Dame du Bon Succès sur la tribune du choeur, placée au-dessus du siège de l'abbesse.

La petite Mariana Torres ne prononça pas ses vœux puisqu'elle n'avait que 13 ans. Elle le fera deux ans plus tard, à 15 ans, recevant le nom de Sœur Marie de Jésus.

Dans cette enceinte bénie eut lieu, pendant les cinquante-neuf années suivantes, le long chemin de croix de cette grande religieuse formée à l'ombre de la Croix et transformée en victime expiatoire de la justice divine.

Sœur Marie dut affronter la rébellion de certaines religieuses très mauvaises qui, inspirées de haine par le démon, se retournèrent contre elle, la calomnièrent et réussirent à l'enfermer dans le cachot du monastère malgré son titre d'Abbesse.

Elles la considéraient comme étant trop sévère et exigeante dans le respect de la règle de Saint François qui régissait l'Ordre de l'Immaculée Conception depuis ses débuts. Les rebelles parvinrent même à rejeter la direction franciscaine, préparant une conspiration et obtenant de Rome que le monastère reste sous la tutelle de l'évêque local.

Voyant l'abandon dans lequel étaient restées les religieuses fidèles et le risque d'extinction du monastère, Notre Dame apparut[1]...

« Je suis Marie du Bon Succès »

Le 2 Février 1610, à une heure du matin, Mère Mariana priait dans le haut chœur, le front contre terre, demandant avec d'insistantes supplications à la Reine du ciel qu'elle remédie aux nécessités de son monastère et de la colonie naissante et qu'elle vienne en aide à l'Eglise.

En plein dans la ferveur de sa prière, elle remarqua que quelqu'un s'était joint à elle... une voix l'appela par son nom.

C'était une dame d'une extraordinaire beauté, entourée d'une lumière plus intense que celle du soleil et portant une magnifique couronne éblouissante d'éclat.

En son bras gauche se tenait un enfant beau comme l'étoile du matin et dans sa main droite elle portait les clefs de la clôture ainsi qu'une superbe crosse en or, ornée de magnifiques pierres précieuses, en signe de propriété et d'autorité sur le monastère.

Extasiée et saisie d'émotion, la religieuse demanda :

« Qui êtes-vous, belle dame, et que désirez-vous de moi qui ne suis qu'une religieuse résignée ? »

Avec une voix douce, la dame lui répondit :

« Je suis Marie du Bon Succès, la Reine des Cieux et de la Terre. Parce que tu m'as invoquée avec une tendre affection, je viens du Ciel pour consoler ton cœur affligé. Tes prières, larmes et pénitences sont très agréables à notre Père Céleste.

… Dans mon bras droit j'ai la crosse que tu vois depuis que je veux gouverner ce monastère comme Abbesse et Mère.

… Satan veut détruire cette œuvre de Dieu… mais il n'a pas pu poursuivre son entreprise parce que je suis la Reine des Victoires et la Mère du Bon Succès, et par ce patronage je veux réaliser des prodiges dans tous les siècles…

… Je veux que tu fortifies ton cœur et que la souffrance ne te vainque pas. Ta vie sera longue pour la gloire de Dieu et de sa Mère qui te parle. Mon Fils Très Saint te montrera la douleur dans toutes ses formes. Et, pour t'insuffler le courage dont tu as besoin, je te Le remets, prends-le dans tes bras ».

En recevant l'Enfant Jésus dans ses bras, Sœur Mariana sentit un grand désir de souffrir et de se consumer comme victime pour apaiser la Justice Divine, si c'était possible, jusqu'à la fin du monde.

La Très Sainte Vierge resta dans la clôture jusqu'à trois heures du matin.

Abbesse de son Couvent

Quelque temps après, la Dame bénie lui fit connaitre sa volonté d'être honorée par le monastère comme étant son Abbesse perpétuelle :

« C'est la volonté de mon Très Saint Fils que tu commandes l'élaboration d'une image qui soit telle que tu me vois et que tu la places sur le siège de l'Abbesse. En ma main droite tu mettras la crosse et les clefs de la clôture en signe de ma propriété et de mon autorité. Dans ma gauche tu placeras mon Divin Fils. Je gouvernerai moi-même ce couvent ».[2]

La très Sainte Vierge prit le couvent comme le sien propre, lui assurant une protection spéciale contre les attaques du démon, lui indiquant de plus que la dévotion à la Vierge du Bon Succès procurerait la piété et le pardon pour toute âme pécheresse ayant recours à Son aide avec un cœur contrit, puisqu'elle est la Mère des Miséricordes.

La taille de la Statue

La Mère Mariana hésita. Comment mettre en œuvre une tâche si difficile ?

Tout d'abord, comment obtenir l'autorisation de l'évêque? Ensuite, comment obtenir les ressources et quel sculpteur serait capable de sculpter l'effigie ?

« Madame », insista la religieuse, « comment réaliser tout cela si j'ignore jusqu'à votre taille exacte ? »

« **Donne-moi le cordon franciscain que tu portes à la ceinture** », lui dit la Vierge.

A ce moment, en présence des trois archanges, Saint Michel, Saint Gabriel et Saint Raphaël qui se tenaient profondément inclinés devant la Vierge, elle prit elle-même le cordon et plaça une des extrémités sur son front, indiquant à Sœur Mariana de toucher ses pieds avec l'autre bout. Or le cordon étant trop court, celui-ci s'étira miraculeusement jusqu'à atteindre la taille exacte de la Vierge.

« **Voilà, ma fille, la mesure de ta Mère du Ciel; donne le à mon serviteur Francisco del Castillo, explique lui mes attentes et mon offre : lui travaillera mon image extérieure puisqu'il a une conscience délicate et qu'il observe scrupuleusement les commandements de Dieu et de l'Eglise. Aucun autre ne sera digne de cette grâce. De ta part, aide-le de tes prières et de ton humble souffrance** ».

Pleine de joie, la religieuse prit cette précieuse relique et la porta avec elle pendant toute sa vie.

La Vierge insiste

Dans les apparitions suivantes, Notre-Dame du Bon Succès insista encore pour que la Mère Mariana demande de sculpter l'image, la réprimand-

Notre Dame du Bon Succès donne à la Mère Mariana les mesures de sa taille pour la fabrication de la statue.

dant pour son retard. Pour la convaincre, elle lui prophétisa le futur de l'Equateur, de l'évêque et d'autres évènements (actuellement déjà accomplis) comme la proclamation des dogmes de l'infaillibilité pontificale et de l'Immaculée Conception.

« Fille très aimée, pourquoi es-tu dure de cœur? Combien de crimes cachés se commettent dans cette localité et ses alentours ! C'est précisément pour ce motif que s'est fondé le couvent ici même, afin que Dieu soit dédommagé en ce lieu même où il est offensé et méconnu ; et pour cette raison le démon, ennemi de Dieu et des justes, maintenant comme dans les siècles futurs, utilisera toute sa malicieuse fourberie pour mettre fin à ce couvent.[3]

Aujourd'hui même, quand il fera jour, tu iras voir l'évêque et tu lui raconteras que j'ai demandé de sculpter mon image pour qu'elle soit placée en face de ma communauté afin de prendre possession complète de ce qui, à tant de titres, m'appartient.

Et, comme preuve de la véracité de ce que tu lui diras, annonce-lui qu'il mourra dans les deux ans et deux mois à venir, et qu'ainsi en sachant cela il se prépare au jour de l'éternité puisqu'il aura une mort violente.[4]

L'Evêque

Après beaucoup d'hésitations, la Mère Mariana finit par parler avec Don Salvador de Ribera. L'évêque fut immédiatement d'accord :

« Ma Mère ; pourquoi Votre révérence ne m'a-t-elle pas appelé plus tôt ? C'est Dieu Qui stipule ainsi et nous ne pouvons ignorer Sa Voix et Ses Appels. Il est libre de demander à Ses créatures ce qu'Il croit bon de demander. »

Le Sculpteur

Francisco Del Castillo, à son tour, se trouva indigne d'être le créateur d'une si éminente Image, déclarant qu'il ferait le travail de la meilleure manière possible.

En l'interrogeant sur le coût de ce travail, il répondit que cela ne coûterait rien et qu'il se trouvait bien assez payé par le fait d'avoir été choisi pour une si belle mission.

Il se confessa, communia et le 15 Septembre 1610, il commença l'œuvre tant attendue.

Il travailla durant de longs jours, toujours sous l'orientation de la Mère de Jésus Torres. Les Mères du Couvent restaient extasiées en le voyant travailler.

Lorsqu'il ne manqua plus que quelques retouches finales, il vit que l'Image, bien que satisfaisante, ne représentait ni de près ni de loin celle dont la Mère avait été témoin.

Alors Francisco partit en voyage à la recherche des meilleurs teintes et vernis pour achever le travail.

Rapidement de retour avec les teintes, il s'étonna de voir que l'Image avait déjà été finie.

Tombant à genoux, il s'exclama :

« Que vois-je ? Cette merveilleuse Image n'est pas une œuvre de mes mains !

Je ne sais pas ce qu'en pense mon cœur, mais cela ne peut être qu'une œuvre des anges, car un travail de cette nature ne peut se réaliser sur terre avec une couche d'argile.

Oh non ! N'importe quel sculpteur, pour le plus habile qu'il soit, ne pourra jamais imiter une si parfaite et merveilleuse beauté ».

Immédiatement, et devant l'évêque, il fit un serment écrit témoignant que ce qui avait été fait à l'Image bénie n'était pas son œuvre, et qu'il l'avait trouvée à son retour dans une autre forme très distincte de l'état dans lequel il l'avait laissée six jours auparavant.

Les Anges

Que s'est il donc passé pendant que le sculpteur était en voyage ? Qui avait réalisé un prodige si extraordinaire ?

La Mère Mariana décrit ainsi les faits :

« Pendant l'oraison de la communauté, dans la soirée du 15, Dieu me prévint que, à l'aube du 16, je serai témoin de Ses Miséricordes en faveur de notre Couvent et de la population en général.

Il me demanda de me préparer à recevoir ses grâces par des pénitences et des oraisons nocturnes. Ainsi fut fait. Les Archanges Saint

Michel, Saint Gabriel et Saint Raphaël se présentèrent devant le trône de la Reine des Cieux ».

Saint Michel, la saluant, lui dit avec soumission :
« Très Sainte Marie, Fille de Dieu le Père ».
Saint Gabriel ajouta :
« Très Sainte Marie, Mère du Fils de Dieu ».
Et Saint Raphaël conclut :
« Très Sainte Marie, Très pure épouse du Saint Esprit ».
Ils appelèrent ensuite la milice céleste et chantèrent ensemble :
« Très Sainte Marie, Temple Sacré de la Très Sainte Trinité ».

Les Mains Célestes

La Mère continua :
« Puis Saint François d'Assise apparut, accompagné des trois Archanges et suivi de la milice céleste ; ils s'approchèrent de l'Image à moitié terminée et, en un instant, la retracèrent... lui donnant une beauté inégalable qu'aucune main humaine ne pourrait jamais rendre. ».

Sœur Mariana vit comment la peinture appliquée par Francisco del Castillo glissa au sol, les traits de l'Image devinrent plus doux et sa physionomie plus céleste.

La Vierge était totalement illuminée comme si elle était au milieu du soleil. Depuis le haut, la Très Sainte Trinité regardait, rendue heureuse par ce qui se passait, et les anges entonnaient leurs cantiques.

Au milieu de toutes ces joies, la Reine des Cieux en personne, comme s'il s'agissait de rayons de soleil qui se déposaient sous forme de beaux cristaux, pénétra dans l'Image, laquelle, comme si elle prenait vie, resta resplendissante et dotée d'une céleste harmonie, chantant le Magnificat elle-même.

Les Anges entonnèrent l'hymne « Salve Sancta Parens ».[5]

Tout cela s'est passé à trois heures du matin.

Dans la matinée du même jour, les sœurs du couvent entendirent des chants célestes et virent que le cloître était totalement illuminé par une lumière céleste et en voyant l'Image, elles comprirent que d'autres mains, une autre inspiration, avaient fabriqué cette merveille.

La Marquise

Il manquait encore la disposition des ornements que la Très Sainte Vierge avait indiqués et qui devaient être placés sur l'Image une fois finie.

Ainsi, les clefs furent faites en argent. Le conseil municipal se chargea de la couronne d'or et la crosse fut donnée par la Marquise Maria de Solenda, parente du Roi d'Espagne.

Lorsque la Marquise prit connaissance de la demande pour donner la crosse de Notre Dame, reconnaissante, elle se dirigea vers Sœur Mariana :

« Mère, j'aurais été très fâchée si Votre Révérence ne m'avait pas prise en compte. Je vous suis reconnaissante de votre attention et de votre soin et je me permets de dire que je ne permettrai à personne de contribuer plus pour obtenir la crosse de l'Image de ma Dame et Mère Céleste. Je collaborerai pour tout le matériel et la main d'œuvre.

J'ai ce qu'il faut pour cela et quand bien même je ne l'aurais pas, je vendrais mes biens pour continuer. Je vous demande de m'indiquer comment désirez-vous que cela soit fait et ne dites rien de plus ! Je me chargerai moi-même du reste ».

La Consécration

Pour réaliser dans leur totalité les demandes de la Reine du Ciel, l'évêque Ribera mena, le 2 Février 1611, la Consécration de l'Image Bénie, la baptisant du nom de « Marie du Bon Succès de la purification ou de La Chandeleur ».

Cela fut précédé par la Première Neuvaine en l'honneur de ce si glorieux patronage qui se termina avec la solennelle Consécration.

Après avoir oint l'Image avec les Saintes Huiles, comme cela se fait pour les cathédrales ou les sanctuaires, Monseigneur Ribera plaça en la main droite de la Vierge la crosse et les clefs de la clôture, confiant ainsi le couvent et toutes celles qui y vivent et y vivront aux soins maternels et affectueux de la Très Sainte Marie.

Ceci fut fait pour que s'accomplisse ce que Notre Dame avait indiqué à Sœur Mariana :

« Alors, à ce moment, Je prendrai Moi-même possession complète de cette maison qui est mienne, et je me préoccuperai de la maintenir indemne et libre de toute violation jusqu'à la fin des temps, exigeant de mes filles un continuel esprit de charité et de sacrifice ».

L'Enfant Jésus de Pichincha

En 1628, Notre Dame du Bon Succès dit à Sœur Mariana :
« **Maintenant lève tes yeux et regarde vers le mont Pichincha, où sera crucifié mon Divin Enfant que je porte dans mes bras : je le livre à la Croix afin qu'Il accorde toujours de bons succès à cette nation, laquelle sera infiniment bénie, lorsque dans tout le territoire, on me connaitra et m'honorera sous ce vocable** ».

Sur le mont Pichincha, le Divin Enfant, d'environ 12 ans et doté d'un superbe visage blanc et rosé, se prosterna à terre et dit à Dieu le Père :
« **Mon Père et Dieu éternel, considérez comme bénigne cette petite portion de terre qu'aujourd'hui, vous me remettez ; faites qu'en elle, mon Cœur amoureux et tendre ainsi que celui de ma Très Sainte Mère, règnent comme propriétaires absolus** ».

Ces paroles étant dites, l'Enfant embrassa la croix et, pleurant, se crucifia sur elle. Ses larmes furent recueillies par les trois Archanges, Saint Michel, Saint Gabriel et Saint Raphaël, qui les répandirent sur toute la nation.

Le regard de Jésus adolescent couvrit tout l'Equateur, et pendant qu'il pleurait, il dit :
« Je n'ai pu faire plus pour toi afin de te montrer mon amour ».

Victime pour nos jours

La vie de la servante de Dieu, la Mère Mariana de Jésus Torres, fut une constante succession de révélations divines, d'interventions et de miracles.

Dieu Notre Seigneur ne lui épargna rien pour l'aider dans sa purification et sa perfection car elle était destinée à une vocation extraordinaire : être victime expiatoire pour les péchés du monde et spécialement pour ceux de l'Equateur.

"Je n'ai pu faire plus pour toi afin de te montrer Mon amour."

La bataille de Pichincha a eu lieu le 24 Mai 1822, dans laquelle six cent hommes périrent, trois cent trente furent blessés dans les deux camps, et mille deux cent soixante soldats espagnols furent faits prisonniers. Notre Dame du Bon Succès avait prédit que l'Equateur se séparerait de l'Espagne et deviendrait une République, et l'Enfant Jésus apparut approximativement deux cent ans avant là où eut lieu la bataille décisive.

Le Divin Créateur permit qu'elle soit tentée par le démon qui se présentait à elle sous la forme d'un serpent la guettant jour et nuit.

La renommée de sa sainteté avait couru dans tout Quito et ses habitants venaient à sa rencontre, l'appelant « la madrecita », en quête de faveurs surnaturelles. Son prénom acquit une immense notoriété et les petites filles de l'époque étaient baptisées avec celui-là même.

L'une d'elle fut précisément Sainte Marianita de Jésus Paredes, née à l'époque de Mère Mariana, et qui participa aux obsèques de la Sainte Fondatrice, quelques temps après.

Au milieu de la triste cérémonie, elle proclama à voix haute : « Une Sainte est morte ! »

Pendant sa vie, Sœur Mariana de Jésus Torres acquit les dons de bilocation, de lévitation, de soins des malades, de réconciliation des familles, de conversion des gens, mais sans doute ce qu'il y a de plus significatif dans son existence, ce furent les apparitions et révélations de Notre Dame du Bon Succès.

Les Révélations

Les révélations qui lui furent faites, surtout celles concernant notre époque, impressionnent par leur précision et la richesse des détails.

Parmi les nombreux détails racontés par Sœur Mariana à l'évêque de Quito, il en est un qui nous parle beaucoup au sujet de notre époque : ses visions et sa vie seraient seulement connus à partir du XXème siècle, pour aider les âmes de ce temps, dans lequel il y aura une énorme décadence de la Foi.

« **C'est la volonté de Dieu de réserver ce vocable et ta vie pour ce siècle là, lorsque la corruption des mœurs sera générale et que la précieuse lumière de la Foi sera presque éteinte** ».[6]

Le 8 Décembre 1634, la Reine du Ciel et de la Terre prophétisa :

« **Le consolant vocable du Bon Succès… sera le soutien et le gardien de la Foi face à la totale corruption du XXème siècle** ».

Image adoptée par l'homme politique chrétien Garcia Moreno pour la consécration de l'Equateur au Sacré Coeur de Jésus en 1873. Moreno a été assassiné en 1875. Le Père Mateo Crawley, fondateur du Couronnement du Sacré Coeur dans les maisons, adopta cette image comme la bannière de sa croisade mondiale pour le règne social de ce même Sacré Coeur. Il prêcha à ce sujet pendant cinquante ans.

Prophéties déjà réalisées

La Très Sainte Vierge, dans ses messages, traça aussi la carte de l'Histoire naissante et future de l'Equateur.

Pour admettre la crédibilité des prophéties faites par une personne, recouvrant des époques différentes, il est de bon ton de considérer si quelques unes d'entre elles se sont déjà réalisées et de quelle manière.

Dans le cas de Sœur Mariana de Jésus Torres, la majeure partie des révélations que Notre Seigneur lui fit ont eu un accomplissement historique exact.

Indépendance de l'Equateur

Pendant l'apparition du 16 Janvier 1599, Notre Dame dit à Sœur Mariana :

« **La Patrie dans laquelle tu vis cessera d'être une colonie et deviendra une république libre, alors elle s'appellera Equateur et aura besoin d'âmes héroïques pour se nourrir au milieu de tant de calamités publiques et privées** ».

Cette prophétie s'accomplit deux cent ans après.

Consécration de l'Equateur au Sacré Cœur de Jésus

Dans la même apparition la Vierge affirma :

« **Au XIXème siècle il y aura un président très chrétien, homme de caractère, à qui Dieu Notre Seigneur donnera la palme du martyr sur la place même où se trouve mon couvent. Il consacrera la République au Divin Cœur de mon Fils Très Saint et cette consécration nourrira la religion catholique dans les années postérieures, lesquelles seront tristes pour l'Eglise** ».

Le 25 Mars 1874, l'héroïque Président Gabriel Garcia Moreno fit de l'Equateur la première nation au monde à être consacrée au Cœur de Jésus.

L'année suivante, le 6 Août 1875, il mourut assassiné par les ennemis de la Foi, sur cette même place de l'Indépendance où se trouve le monastère de l'Immaculée Conception. Ses dernières paroles avant d'expirer furent :

« Dieu ne meurt pas ! »

Proclamation des Dogmes de l'Immaculée Conception et de l'Assomption de Notre Dame.

Dans l'apparition du 2 Février 1634, Notre Dame du Bon Succès remit l'Enfant Jésus dans les bras de Mère Mariana.

L'Enfant lui révéla :

« Le Dogme de la Foi de l'Immaculée Conception de Ma Mère sera proclamé quand l'Eglise sera combattue et que Mon Vicaire se retrouvera captif. Et celui du Transit et de l'Ascension en corps et en âme aux Cieux, quand l'Eglise terminera de sortir d'un bain de sang ».

Le 8 Décembre 1854, le Pape Pie IX, au milieu d'une terrible persécution contre l'Eglise, proclama le Dogme de l'Immaculée Conception, et le 15 Août 1950, Pie XII, la seconde guerre mondiale étant terminée, proclama le Dogme de l'Assomption.

Canonisation de la Mère Béatrice de Silva

Dans son testament spirituel, Sœur Mariana de Jésus Torres, en parlant de l'union des Conceptionistes avec les Franciscains, dit à ses filles :

« Celui qui prétend se passer de François (d'Assise) et de Béatrice (Fondatrice de l'Ordre) n'appartiendra pas au réel et véritable Ordre Conceptioniste Franciscain.

Et, c'est pourquoi, ni ce Saint Père Franciscain, ni la Sainte Béatrice ne les reconnaitront comme leurs filles. Celle-là montera sur les autels au XXème siècle ».[7]

[7]Et ainsi fut fait : Sainte Béatrice de Silva fut canonisée sous le pontificat de Paul VI, le 3 Octobre 1976, cinq cents ans après sa mort.

Prophéties qui se sont accomplies où qui sont prêtes à l'être

Pour indiquer la cause de la crise catastrophique de la Foi et de la morale qu'Elle décrit dans ses prophéties sur les XIXème et XXème siècles, Notre Dame du Bon Succès mentionna les hérésies en général et les sectes, ou simplement la secte.

Ces hérésies ou sectes auraient assez de pouvoir pour étendre leurs griffes jusqu'au foyer, contaminant de manière pernicieuse tous les champs de l'activité humaine.

Corruption des enfants

« ...dans la colonie actuelle et future république d'Equateur, les passions se déchaîneront et il y aura une corruption totale des coutumes par le règne de Satan à travers les sectes maçonniques, lequel nuira principalement à la jeunesse afin de maintenir, par ce biais, la corruption générale... ... Pauvres enfants de ce temps ! Ils recevront difficilement le Sacrement du baptême et de la Confirmation. Le Sacrement de Pénitence sera seulement reçu par ceux qui seront dans des écoles catholiques que le diable s'appliquera à détruire en se servant de personnes accréditées...

...La secte, en fondant son pouvoir sur toutes les classes sociales, s'introduira alors avec tant de subtilité dans les foyers que les enfants se perdront, se vantant même de nourrir le démon d'âmes d'enfants...

...Dans ce temps malheureux, l'innocence de l'enfance n'existera presque plus, et de cette manière se perdront les vocations sacerdotales et cela sera une véritable calamité... »[8]

Impureté générale

« ...l'atmosphère sera saturée de l'esprit de l'impureté lequel, comme une mer immonde, courra les rues, les places et endroits publics avec une liberté ahurissante, de telle manière qu'il ne se rencontrera au monde presqu'aucune âme vierge. »[9]

"Priez constament...pour que mon Très Saint Fils...ait pitié de Ses ministres et qu'il mette une fin à des temps si néfastes en envoyant à Son Eglise le Prélat qui restaurera l'esprit de Ses prêtres."

Le défunt Monseigneur Marcel Lefebvre directement mentionné dans cette prophétie, lors de la consécration des quatre évêques de la Fraternité St Pie X le 30 Juin 1988.

Profanation des sacrements

« ... que de douleurs je ressens en te montrant qu'il y aura beaucoup et d'énormes sacrilèges publics et aussi cachés, des profanations de la Sainte Eucharistie !...

Mon Fils Très Saint sera jeté à terre et foulé par des pieds immondes !...

... Le Sacrement de l'Ordre sacerdotal sera ridiculisé, opprimé et méprisé, parce que dans ce Sacrement seront aussi opprimés et dénigrés l'Eglise de Dieu et Dieu lui-même, représenté dans ses prêtres. Le démon fera en sorte de faire poursuivre les Ministres du Seigneur sous toutes les formes et travaillera avec une cruelle et subtile astuce pour les détourner de l'esprit de leur vocation... Cet apparent triomphe de Satan apportera des souffrances énormes aux bons Pasteurs de l'Eglise et à la grande majorité des bons prêtres...

Quant au sacrement du mariage qui symbolise l'union du Christ avec l'Eglise, il sera attaqué et profané dans tous les sens du mot... des lois iniques s'imposeront ayant pour but de l'exterminer, facilitant pour tous le mal-vivre, propageant la génération des enfants sans la bénédiction de l'Eglise...

En ce temps là, bien vu par les autres sera celui qui, dans ce pauvre pays, laissera de côté l'esprit chrétien, le sacrement de l'extrême-onction sera très peu considéré... beaucoup de personnes mourront sans le recevoir par la négligence des familles ou à cause de faux sentiments cachant aux malades la gravité de leur situation... »[10]

Un prélat restaurera le Clergé catholique

Les prêtres abandonneront leurs devoirs sacrés, perdant l'orientation divine, ils dévieront du sentier tracé par Dieu pour le Ministère sacerdotal, s'attacheront à l'argent... Puis cette Eglise souffrira sous une sombre nuit par manque d'un Prélat et Père veillant d'un amour paternel, avec douceur, force, discernement et prudence. Nombre d'entre eux perdront l'esprit de Dieu, mettant ainsi leur âme en grand danger.

Priez constament... pour que mon Très Saint Fils... ait pitié de Ses ministres et qu'il mette une fin à des temps si néfastes en envoyant à Son Eglise le Prélat qui restaurera l'esprit de Ses prêtres.

A ce fils très aimé par moi-même et mon Fils Très Saint, nous donnerons une capacité rare d'humilité de coeur, de docilité envers les divines inspirations, de force pour défendre les droits de l'Eglise et d'un coeur tendre et compatissant afin que, tel un autre Christ, il soigne le grand et le petit, sans rejetter les plus malheureux et qu'il leur donne lumière et consolation dans leurs doutes et leur amertume. Et pour que, avec une douceur divine, il guide les âmes consacrées au service de Dieu dans les cloîtres, sans les alourdir par le poids du joug du Seigneur. Dans sa main je mettrai la balance du Sanctuaire pour que tout se fasse avec poids et mesure et qu'ainsi Dieu soit glorifié. Ce Prélat et Père contrebalancera la tiédeur de toutes les âmes consacrées à Dieu dans l'état sacerdotal et religieux.[11]

La cause première et la dernière voie de recours de la crise au sein de l'Eglise

Des temps désastreux arriveront de manière imprévue, au cours desquels, par l'assombrissement de leur propre clarté d'esprit, ceux qui se doivent par la justice de défendre les droits de l'Eglise, sans être esclave de la peur ou du respect humain, vont tendre leurs mains vers les ennemis de l'Eglise pour faire ce que ces derniers désireront, hélas pour l'égarement de l'homme sage, celui qui gouverne l'Eglise, le pasteur du troupeau que mon Très Saint Fils a confié à ses soins! Mais, quand ils sembleront triompher et quand l'autorité abusera de son propre pouvoir en commettant des injustices et en oppressant les faibles, sa ruine sera proche. Ils tomberont au sol!

Et, heureux et triomphant, comme un tendre petit enfant, l'Eglise émergera à nouveau, et dormira tranquillement dans les bras affectueux et capable de l'amour de mon fils choisi, très aimé à cette époque, de qui il sera donné d'entendre les inspirations de la grâce - un d'entre eux sera le lecteur de la grande miséricorde dont mon très Saint Fils et moi-même avons fait preuve envers vous – nous le comblerons de dons et de grâces spéciales, nous ferons de lui un grand sur la terre et encore plus dans le ciel, où nous avons réservé pour lui un siège très précieux, parce que sans avoir peur des hommes, il combattit pour la vérité et défendit, imperturbable, les droits de son Eglise, pour lesquels nous pouvons à juste titre le considérer comme martyr.[12]

Le triomphe de l'Eglise

« **Lorsque tout paraîtra perdu, alors sera le commencement du triomphe de la Sainte Eglise** ».

Après l'impressionnante prévision de catastrophes pour l'Eglise et la Civilisation chrétienne, la Très Sainte Vierge du Bon Succès promit la victoire totale à la fin.

« ... Le petit nombre d'âmes qui conservera le trésor de la Foi et des vertus endurera de cruelles et atroces souffrances, en même temps qu'un martyr prolongé...

...Pour se libérer de l'esclavage de ces hérésies, ceux-là, à qui l'Amour Miséricordieux de mon Fils Très Saint sera envoyé pour la restauration, auront besoin d'une grande force de volonté, de constance, de courage et de beaucoup de confiance en Dieu.

Pour mettre à l'épreuve la Foi et la confiance des justes, il y aura des moments dans lesquels tout paraîtra perdu et paralysé. Ce sera, alors, l'heureux commencement de la restauration complète !... »

« ... il y aura une guerre terrible et épouvantable dans laquelle coulera le sang de la nation et des étrangers, des prêtres et des religieuses. Cette nuit sera remplie d'horreurs, car apparemment, la méchanceté humaine sera triomphante.

Alors viendra l'heure dans laquelle Moi-même, de manière étonnante, je détrônerai le prétentieux et maudit Satan, le mettant sous mon pied et l'ensevelissant dans l'abîme infernal, laissant finalement l'Eglise et la Patrie libérées de sa tyrannie. »[13]

Le miracle de 1941

L'Image de Notre Dame du Bon Succès a protégé le couvent de l'Immaculée Conception de Quito tout au long des siècles, et a été le gage de

Le mouvement miraculeux des yeux de la statue de Notre Dame du Bon Succès signalant la fin des hostilités entre l'Equateur et le Pérou en 1941 fit la première page des nationaux. Le miracle a été attesté par plus de 30 000 personnes.

continuelles grâces pour la protection de l'Equateur et de ses habitants.

... Cette dévotion sera le paratonnerre placé entre la Justice divine et le monde prévaricateur, pour empêcher que s'abatte sur cette terre coupable le formidable châtiment qu'elle mérite...[14] Afin que son Image miraculeuse soit connue dans tous les pays, la Très Sainte Vierge réalisa l'évènement le plus extraordinaire qui eut lieu au XXème siècle en terres équatoriennes.

En 1941, le Pérou avait envahi la terre équatorienne. Devant cet état d'urgence, l'archevêque de Quito ordonna de prier trois jours en l'honneur des divers vocables de la Très Sainte Vierge dans les différentes églises de Quito, implorant l'arrêt des hostilités. Le 24 Juillet, les trois jours de prières commencèrent dans l'église de l'Immaculée Conception en l'honneur de Notre Dame du Bon Succès.

Trois jours après, de sept heures du matin le Dimanche 27 Juillet 1941, à trois heures du matin le 28, pendant vingt heures, l'Image de Notre Dame du Bon Succès bougea les yeux.

Son visage passait alternativement d'un ton rougeâtre à un autre plus semblable à celui du marbre.

Une sorte de brouillard couvrait l'Image. Quand celui-ci disparut, elle resta entourée d'un surnaturel éclat.

Pendant le miracle, les yeux de l'Image, qui normalement regardent vers le bas, se levaient peu à peu jusqu'à rester fixés vers le Ciel dans une attitude suppliante ; puis peu après se baissaient vers les fidèles, et ainsi successivement.

La nouvelle se répandant, des milliers de fidèles envahirent l'église pour contempler le prodige, délaissant les évènements internationaux, de grande importance, relayés en second plan.

Les maternels clignements d'yeux de l'Image sacrée furent vus par plus de trente mille personnes.

Dans la soirée du même jour du 27, les journaux annoncèrent l'arrêt des hostilités avec le Pérou.

Les nouvelles relatant le merveilleux évènement apparurent à partir du jour suivant dans les divers journaux de tout le territoire national :

Últimas Noticias: 28 juillet 1941
El Telégrafo: 28 juillet 1941

El Universo:	28 juillet 1941
El Debate:	27, 28, & 29 juillet 1941
La Sociedad:	3 août 1941
La Voz Obrera:	10 août 1941
La Voz Católica de Loja:	5 & 12 octobre 1941
El Comercio:	28 & 29 juillet et 3 août 1941

Mort et Gloire

A trois heures du matin le 2 Février 1634, la Mère Mariana priait dans le haut chœur lorsque la lampe montrant la présence du Très Saint Sacrement, s'éteignit.

Elle voulut se lever pour l'allumer mais une force inconnue l'empêcha de bouger.

A ce moment apparut Notre Dame du Bon Succès, comme avant, portant l'Enfant Jésus sur son bras gauche et la crosse dans sa main droite.

« **Fille chérie de mon Cœur... je viens t'apporter la bonne nouvelle que dans dix mois et quelques jours, tu fermeras finalement tes yeux à la lumière matérielle de ce monde pour les ouvrir à la clarté de la Lumière Eternelle... ... prépare ton âme de manière à ce que, plus purifiée encore, elle entre dans la plénitude de la jouissance de ton Seigneur.** »

Ainsi fut fait. La santé de la Mère Mariana commença à s'affaiblir, mais elle continuait à faire face à ses devoirs au couvent quand cela lui était possible.

Vint alors le moment où elle dût rester au lit.

Connaissant le jour et l'heure de sa mort, Sœur Mariana communiqua à ses filles bien-aimées la date de son voyage vers l'Eternité : le 16 Janvier 1635 à 3 heures de l'après midi. Elle avait alors soixante-douze ans.

A environ une heure de l'après midi de ce jour béni, elle demanda à la Mère abbesse de convoquer la communauté. Lorsqu'elles vinrent, Sœur Mariana lut à voix haute son testament. Avec sa voix vibrante d'émotion mais ferme dans la Foi et avec une totale sincérité, elle répéta les paroles de son Seigneur bien-aimé.

« Il est nécessaire que je m'en aille mais je ne les laisserai pas orphelines. Je vais à mon Père, et le Consolateur divin descendra pour les réconforter ».

Après avoir reçu les Saintes Huiles, elle ferma tranquillement ses yeux et cessa de respirer. La servante de Dieu Mariana de Jésus Torres était déjà avec Dieu.

Quatre cent ans après, son corps, comme celui de la plupart des saintes fondatrices du Couvent Royal de l'Immaculée Conception de Quito, reste encore intact dans la clôture du Monastère en attente du jour où, sur ordre de Notre Seigneur Jésus Christ, ils ressusciteront pour la Gloire Eternelle.

Son corps est un témoignage visible de la mission que la Très Sainte Vierge lui révéla :

« **Tu dois être la semeuse dans ces volcans de terre... ton nom sera connu sur tous les continents de l'univers. Et tu seras mise à l'honneur sur les autels... et tu seras la protectrice la plus éminente pour cette patrie consacrée au Cœur de mon Très Saint Fils ».**[15]

Un peu plus de trois cent cinquante ans après, la statue de Notre Dame du Bon Succès a été canoniquement couronnée avec la permission du Saint Siège le 2 Février 1991.[16]

Notes

1 2 février 1594.
2 16 janvier 1599.
3 16 janvier 1599.
4 21 janvier 1610.
5 "Je Vous salue Sainte Mère."
6 8 décembre 1634.
7 16 janvier 1635.
8 20 janvier 1610.
9 2 février 1634.
10 20 janvier 1610.
11 2 février 1634.
12 2 février 1634.
13 2 février 1634.
14 20 janvier 1610.
15 Jn. 16, 7; Jn. 14, 18; & Jn. 20, 17.
16 Cadena y Almeida, Mons. Dr. Luis E., Memorial de la Coronacion Canonica a la Sacrads Imagen de Maria Santissima del Buen Suceso, (Quito, Librería Espiritual), pp. 27-28.

NEUVAINE

À NOTRE DAME DU BON SUCCÈS

PAR LE P. JOSÉ M. URRATE, S.J.

Neuvaine à Notre Dame du bon succès

Acte de contrition

Je crois en Dieu : Seigneur, fortifiez ma foi. J'espère en Dieu : Seigneur, augmentez mon espérance. Je vous aime, ô mon Dieu : Seigneur, enflammez mon amour. Mon Dieu, je vous demande pardon de Vous avoir offensé : Seigneur, augmentez mon repentir. Je promets, avec l'aide de Votre grâce et l'appui de Notre Dame du Bon succès, de ne plus pécher. Mon Dieu, ayez pitié de moi. Ainsi soit-il.

Prière de chaque jour

Ô Reine du Ciel, excellente et immaculée, bienheureuse Marie du Bon Succès, fille choisie du Père éternel, Mère aimante de son Divin Fils, épouse du Saint Esprit, trône de la Divine Majesté, auguste temple de la très Sainte Trinité, en qui les trois personnes divines ont versé les trésors de leur pouvoir, de leur sagesse et de leur amour, souvenez-vous que Dieu vous a rendue parfaite pour que vous puissiez aider les misérables pécheurs. Souvenez-vous que vous avez promis à plusieurs reprises d'être une Mère aimante pour ceux qui ont recours à vous. Je me tourne vers vous, très miséricordieuse Mère et je vous supplie, par l'amour que le Très-Haut a pour vous, de m'obtenir de Dieu le Père une foi si vivante qu'elle ne perde jamais de vue les vérités éternelles ; du Fils, une espérance si ferme, qu'elle puisse toujours aspirer à cette gloire qu'Il a acquis pour moi par Son Sang ; du Saint Esprit, une charité si brûlante, que je puisse toujours vivre en aimant le Bien Suprême et vous, ô Sainte Vierge, jusqu'au moment où, par votre intercession, je puisse aller L'aimer et Le posséder éternellement dans la gloire. Ainsi soit-il.

Rendons hommage à Marie

… parce qu'elle est la fille bien aimée de Dieu le Père.

Je vous salue Marie, pleine de grâce, le Seigneur est avec vous, vous êtes bénie entre toutes les femmes et Jésus, le fruit de vos entrailles, est béni. Sainte Marie, Mère de Dieu, priez pour nous, pauvres pécheurs, maintenant et à l'heure de notre mort. Ainsi soit-il.

Rendons hommage à Marie

… parce qu'elle est la mère choisie du Fils de Dieu.

Je vous salue Marie, pleine de grâce, le Seigneur est avec vous, vous êtes bénie entre toutes les femmes et Jésus, le fruit de vos entrailles, est béni. Sainte Marie, Mère de Dieu, priez pour nous, pauvres pécheurs, maintenant et à l'heure de notre mort. Ainsi soit-il.

Rendons hommage à Marie

… parce qu'elle est l'épouse unique de l'Esprit Saint

Je vous salue Marie, pleine de grâce, le Seigneur est avec vous, vous êtes bénie entre toutes les femmes et Jésus, le fruit de vos entrailles, est béni. Sainte Marie, Mère de Dieu, priez pour nous, pauvres pécheurs, maintenant et à l'heure de notre mort. Ainsi soit-il.

Gloire soit au Père, au Fils et au Saint Esprit, comme il était au commencement, maintenant et toujours et dans les siècles des siècles. Ainsi soit-il.

Premier jour

Considérons à quel point sont grands et incomparables les prodiges du Tout-Puissant qui manifestent les trésors de Sa miséricorde à ceux qu'Il a racheté. Si nous admirons les excès de Sa bonté dans la multitude de bienfaits par lesquels il nous a enrichis, nous devrions être stupéfaits et remplis de gratitude pour le plus convaincant des dons de Sa main droite, avec laquelle Il nous a anoblis, en nous donnant, pour notre consolation, une créature aussi excellente et privilégiée que Marie. En inspirant aux Pères de l'Eglise et à Ses enfants les différents titres et prières avec lesquels ils l'honoraient et la vénéraient, Il a donné à ceux qui la servent et l'aiment de tout leur cœur la grâce de recevoir, par la prodigieuse statue du Bon Succès qui se trouve dans l'Eglise de l'hôpital royal à Madrid, ses plus grandes faveurs d'aide et de protection que les vrais dévots de la Mère de Dieu ont éprouvés à maintes reprises. Ce trésor est si extraordinaire, à commencer par la façon remarquable avec laquelle il a été trouvé dans la nature sans être recherché, qu'on peut dire à son sujet ce que le prophète Isaïe disait de Dieu Lui-même : "Je laisserai celui qui ne me cherchait pas me trouver et Je me dévouerai pour le bien de ceux qui n'appréciaient pas Ma bonté et ne croyait pas en Ma générosité." Par ce prodigieux commencement, il semblerait que le Très-Haut a clairement montré qu'Il voulait que Sa sainte Mère soit honorée et vénérée sous l'invocation de Bon Succès.

Prière

Ô Dieu d'infinie Bonté, qui, par la découverte miraculeuse de la statue de la Bienheureuse Marie, nous a donné un puissant moyen d'avoir recours en toute confiance dans nos besoins à votre gracieuse protection, accordez-nous les secours nécessaires pour trouver la ferveur et la confiance pour que nous puissions connaître, honorer et servir Votre bien-aimée créature et pour que, par son intercession, nous puissions atteindre notre sanctification et parvenir au ciel. Ainsi soit-il.

Acte d'action de grâce pour la Sainte Vierge
(pour chaque jour)

Ô Vierge Sainte, bénie entre toutes les femmes, nous ne trouvons pas les mots pour vous remercier des innombrables bienfaits que nous avons reçus de vos mains. Le jour où vous êtes venue au monde peut être appelé jour de grâce, de salut, de consolation. Vous êtes l'honneur de la race humaine, la joie du paradis, le joyau bien-aimé de Dieu et le salut de notre nation. Quel mérite avons-nous, ô Bienheureuse Vierge du Bon Succès, pour que vous vous fassiez connaître comme notre Mère ? Dieu soit béni ! Soyez également bénie, ô Vierge Marie, puisque, malgré notre ingratitude, vous vous montrez si favorable envers nous. Faites, Mère très clémente, que votre statue soit notre consolation sur terre en étant notre refuge, notre aide et notre protection dans nos besoins tant publics que privés. Daignez nous garder loin des guerres, des épidémies, de la faim, de la foudre, des tremblements de terre et de tous les fléaux que nous méritons pour nos fautes. Priez pour la Sainte Église et pour le Pape, sa tête visible. Entendez les supplications de ceux qui vous invoquent, vous notre Avocate et notre Mère. Nous plaçons notre confiance en vous. Nous avons recours à vous et nous espérons que vous obtiendrez pour nous de votre Fils le pardon de nos péchés et la persévérance dans la grâce jusqu'à la mort. Ainsi soit-il.

Ici chacun, portant son cœur à Dieu, peut demander par l'intercession de la vierge Marie de Bon Succès, ce qu'il désire obtenir.

Répons en l'honneur de la Sainte Vierge

O Marie, Vierge et Mère, dont la prééminence a toujours captivé le monde entier.

R. Aidez-moi, ô Marie, parce que vous êtes notre Mère.

Seule sans égal, vous accomplissez la parole du Père, qui fait de grandes choses en votre honneur.
Aidez-moi, sainte Marie, parce que vous êtes notre Mère.

Vous êtes le digne temple du Très Haut, de l'auguste Trinité, en qui vous êtes remplie de bonheur.
Aidez-moi, sainte Marie, parce que vous êtes notre Mère.

En vous réside la pureté qui fait la joie des anges et obtient l'indulgence aux affligés.
Aidez-moi, sainte Marie, parce que vous êtes notre Mère.

Le monde chrétien vous acclame comme sa Reine : le Roi des rois Vous met à sa droite.
Aidez-moi, sainte Marie, parce que vous êtes notre Mère.

Ô Mère de Grâce! Ô notre espoir! Port des naufragés et étoile de la mer.
Aidez-moi, sainte Marie, parce que vous êtes notre Mère.

Porte du ciel, santé des malades et lumière dans l'obscurité.
Aidez-moi, sainte Marie, parce que vous êtes notre Mère.

Par vous, nous pourrons atteindre Dieu dans la cour céleste où Il vit et règne.
Aidez-moi, sainte Marie, parce que vous êtes notre Mère.

Guidez nos pas et assistez-nous, ô tendre et douce Marie, à notre dernière heure.
Aidez-moi, sainte Marie, parce que vous êtes notre Mère.
Acceptez la louange de nos bouches affectueuses, incapables d'exprimer votre grandeur exceptionnelle.
Aidez-moi, sainte Marie, parce que vous êtes notre Mère.

Antienne

Sainte Marie, soyez le soutien du faible, la force du craintif, le réconfort du malheureux. Priez pour le peuple, plaidez pour le clergé, intercédez pour les saintes femmes consacrées à Dieu. Puisse ceux qui gardent votre commémoration sacrée sentir la puissance de votre secours.

℣. Priez pour nous, ô Vierge du Bon Succès!
℟. Afin que nous soyons rendus dignes des promesses de notre Seigneur Jésus-Christ

Prière final

Prions,

Ô Dieu, accordez à vos serviteurs de jouir d'une perpétuelle santé d'esprit et de corps et, par la glorieuse intercession de la Bienheureuse Marie, toujours Vierge, d'être libérés des tribulations d'ici-bas et d'obtenir la béatitude éternelle. Par le Christ notre Seigneur. Ainsi-soit-il.

Second jour

Considérons la Providence du Très-Haut. Il souhaitait aider les hommes mortels en leur montrant un trésor caché en la précieuse image de la Sainte Mère, sous l'invocation du Bon Succès. Lorsque Bernardino de Obregón, fondateur de l'ordre des Frères-Infirmiers Minimes, mourut, Gabriel de Fantanet fut élu pour le remplacer. Ce dernier, en compagnie de Guillermo Rigosa, décida d'aller voir le Souverain Pontife pour obtenir son approbation pour l'habit gris et la croix pourpre qui distinguait leur ordre. Quand ils arrivèrent aux confins de la Principauté de Catalogne, en passant par la ville de

Traiguera sous la juridiction de Tortosa, une pluie terrible et une tempête de grêle éclata tout à coup accompagnées de tonnerre et d'éclairs dont les grondements frappèrent leur cœur d'horreur et de peur. La persistance et la rigueur de la tempête les ayant persuadés d'un prochain désastre, ils eurent recours à Dieu et le prièrent de leur fournir un abri où ils pourraient se réfugier pour se préparer à bien mourir. Mais, puisque la Providence récompense la résignation et la patience, Elle fit en sorte que ces épreuves soient le prélude à une heureuse aventure. Dans la lumière furtive d'un éclair, ils virent une falaise non loin de la route où ils trouvèrent un espace creux si bien taillé et arrangé qu'il semblait être le travail d'un excellent artisan. Plus haut dans le creux de ces falaises, ils virent une lumière admirable et, au même moment, humèrent un parfum très doux et des arômes célestes dépassant largement les odeurs terrestres. Leurs âmes baignaient dans un bonheur si grand, mêlé d'émotion, d'admiration et de vénération, qu'ils sentirent simultanément un besoin intérieur de découvrir la cause de ces merveilles.

Prière

Ô Dieu, admirable dans toutes Vos œuvres, qui tournez toujours les événements les plus dangereux de la vie en des preuves de Vos bontés et qui, dans les épreuves les plus difficiles, fournissez des préludes de Vos prodiges pour notre bien, comme Vous l'avez fait avec les Frères Minimes par cette terrible tempête, par l'intercession de la Reine du Bon Succès, nous vous prions de nous accorder la vertu de patience pour supporter avec résignation les tribulations que Votre volonté divine pourrait nous envoyer parce que vous les changerez en consolation dans cette vie pour nous donner, après notre mort, notre récompense éternelle où nous chanterons pour toujours Vos louanges et ceux de la Bienheureuse Vierge Marie. Ainsisoit-il.

Troisième jour

Considérons comment les voyageurs, guidés par la grâce et poussés par la curiosité, se dirigèrent vers l'endroit où ils avaient découvert un refuge. Ils enlevèrent leurs chaussures et grimpèrent, avec difficulté et en s'entraidant, par les rochers abrupts et trempés au sommet des falaises. Ils arrivèrent à la grotte qu'ils avaient vue grâce aux éclairs. Quelle ne fût pas leur surprise et leur joie de contempler avec admiration dans cette grotte, finement ouvragée par la nature en sanctuaire spacieux, une magnifique statue de la Sainte Vierge portant son Enfant adorable dans son bras gauche et un sceptre dans sa main droite, son front orné d'une couronne des plus précieuses. Ses vêtements, tout comme ceux de l'Enfant, étaient d'un style simple mais élégant, les deux tuniques étaient faites du même tissu. Des fleurs diverses et variées ornaient l'endroit, tapissant le sol et les murs, et emplissaient l'alcôve bénie de la Reine du Ciel d'un parfum exquis. De plus, il y avait une lampe, fixée dans la roche, si excellemment conçue qu'elle délivrait la luminosité de plusieurs feux. Quelle beauté et quel charme pour honorer une telle Dame ! Quelle surprise et quelle admiration pour les voyageurs captivés qui contemplaient avec extase un peu du Ciel et qui calmaient les battements de leurs cœurs inquiets en présence de leur Mère se présentant, de manière si imprévue et après une telle tempête, à eux, radieuse et affable pour leur fournir le refuge et la consolation dans un tel péril !

Mon âme, chaque fois que les fardeaux de la vie et les dangers les plus imminents te mènent au bord du désespoir, débarrasse-toi de tes troubles devant l'image de Marie. Tourne-toi vers elle avec calme et confiance et rends grâce à Dieu d'avoir montré sa toute-puissance en faisant que cette statue merveilleuse soit trouvée dans un endroit si caché pour l'honneur de la Vierge Immaculée et pour que tous la vénèrent sous le titre si précieux de Notre-Dame du Bon Succès.

Prière

Ô Dieu de miséricorde, qui ne laisse jamais ses serviteurs fidèles et fervents dans la désolation au milieu des malheurs et des dangers de cette vie, et qui commande que nous ayons recours à Votre Mère, Avocate des misérables, comme refuge dans l'adversité, accordez-nous d'avoir un cœur tendre et fervent pour chercher Marie, de la trouver afin d'être aimés et protégés à chaque fois que nous la servons vraiment, et de mériter, par son intercession, une vie chrétienne qui nous conduise au ciel. Ainsi soit-il.

Quatrième jour

Pensons à la joie ineffable des bons Frères en contemplant les délices qui entouraient cette magnifique salle dans laquelle l'image de leur chère Mère brillait comme une étoile. Ils se mirent pieusement à genoux pour la louer et la remercier pour un cadeau si singulier et une chance si extraordinaire, et ils élevèrent leurs pensées et leurs émotions à des considérations célestes, s'estimant favorisés par un plan surnaturel. Tout ce qu'ils voyaient et sentaient ne pouvait être le travail de l'homme dans ce lieu de rochers inaccessibles si loin de tout hameau. Ils répétaient ardemment leurs prières de gratitude en demandant la lumière et la grâce du ciel pour décider ce qu'ils devaient faire et déterminer l'origine de ce sanctuaire, de cette image et des personnes pieuses ou de la communauté qui en avaient pris soin de manière si merveilleuse. Bien qu'il leur paraissait impossible qu'une telle magnificence ait été un travail humain dans un endroit si éloigné et inaccessible, la prudence et la piété leur suggéra tout d'abord de faire une enquête approfondie sur la question. Marchant par les hameaux les plus proches de la caverne, qui étaient éloigné de plus de trois lieux, ils ne trouvèrent personne qui pouvait leur donner la moindre information sur la statue. Malgré la présence de personnes âgées de quatre-vingt ou de cent ans, personne n'avait jamais rien entendu à propos de l'existence ou de la vénération d'une image dans ces falaises solitaires, ni dans une autre région voisine.

Médite, mon âme, sur l'étonnement et la sainte joie de ces Frères, maintenant propriétaires de leur découverte extraordinaire. Comme ils s'agenouillèrent à nouveau devant la sainte statue, comme ils la remercièrent avec des baisers passionnés et des embrassades, la choisissant comme leur patronne spéciale et comme leur intermédiaire avec le titre très significatif de la Mère du Bon Succès.

Excitons en notre cœur de saines affections de gratitude, répandons en notre âme des sentiments d'admiration pour un miracle si remarquable au profit de ces deux saints Frères. Joignons-nous à leurs colloques mariaux. Aimons-la et offrons-lui de généreuses résolutions puisque que nous l'avons aussi miséricordieusement trouvée sur la route dangereuse de la vie parmi l'horreur de la tempête des passions.

Prière

Ô Dieu de charité infinie, qui nous avez donné de découvrir en Votre Mère, sous le vocable de Mère du Bon Succès, un signe précieux de consolation et un efficace bouclier dans les persécutions et les dangers, accordez-nous de rendre grâce à Votre bonté par des vertus et par une tendre et constante dévotion à la Bienheureuse Vierge Marie Bénie afin que, par son intercession, nous puissions mériter le ciel. Ainsi soit-il.

Cinquième jour

Considérons comment les saints voyageurs, maintenant convaincus que leur précieuse découverte leur appartenait, mirent la magnifique statue dans un petit panier et, en cette adorable et puissante compagnie, continuèrent sans encombres et dans la joie leur voyage vers Rome. Ayant été aimablement accueilli par le Saint Père, le pape Paul V, homme très chaste et très pieux, ils furent ses invités d'honneur. Il avait été informé de la découverte de l'image de la Vierge et, voyant son apparence surnaturelle et rayonnante, il s'agenouilla devant elle et accrocha sa précieuse croix pectorale d'or et d'émail autour du cou de la statue, accordant des grâces et des indulgences à tous ceux qui la vénéreraient. Il confia ensuite aux religieux qui l'avaient trouvée d'une si merveilleuse façon la mission de l'honorer avec ardeur et dévotion en propageant partout sa vénération. Sans avoir consulté les religieux, le Pape lui donna le nom de Notre-Dame du Bon Succès. Les deux frères y virent un signe spécial indiquant que cette découverte était surnaturelle. Ce merveilleux cadeau allait être connu comme une source inépuisable de grâces et de miracles. La ville de Valence, où les religieux Minimes l'avaient apportée, put en témoigner. Plus tard, la statue fut transférée en grande pompe dans une somptueuse église à Madrid où la vénérable image continua à produire des miracles. Sa vénération et ses bienfaits se sont répandus dans toute l'Europe et même dans les régions les plus éloignées de l'Amérique.

Prends courage, mon âme, en présence de Marie, qui vient te rencontrer dans les plus grandes difficultés de la vie et te montrer son sourire et son visage enchanteur pour te consoler. Vois le père de tous les fidèles à genoux devant elle, lui offrant ses meilleures prières et te recommandant de te consacrer à elle et de te confier à son haut patronage. Réjouis-toi de ce que Dieu t'ait amené auprès de Marie qui te tient compagnie et te protège. Offre-lui tes louanges et bénis-la. Donne-lui également la croix pectorale de ton amour, en mettant à ses pieds ta passion dominante, en lui offrant ton travail déterminé et constant dans la conquête de toi-même afin d'acquérir les faveurs singulières que tant de personnes pieuses ont obtenues à partir de cette sainte statue du Bon Succès

Prière

O Dieu Souverain, qui avez décidé dans Votre sublime sagesse de nous donner la Sainte Vierge du Bon Succès comme compagne dans notre pèlerinage terrestre pour être notre guide, notre gardienne et notre protectrice dans les difficultés de sorte que, avec son aide, nous puissions aller plein de confiance et d'aisance dans la marche vers Votre demeure où nous recevrons tout ce que nous demandons, donnez-nous un cœur brûlant d'amour pour la Sainte Vierge du Bon Succès afin qu'il puisse s'offrir à cette Mère Divine comme un don de gratitude. Accordez-nous un amour ferme et constant ainsi que l'extinction de nos passions en reconnaissance des immenses bienfaits que nous avons reçus de Ses mains compatissantes. Faites qu'elle nous soit toujours propice dans cette vie, qu'elle nous protège au moment de la mort afin que nous méritions le salut éternel. Ainsi soit-il.

Sixième jour

Considérons comment la ville de Quito et son ancien couvent, celui des Conceptionnistes, ont également connu la faveur très spéciale de la glorieuse Mère du Bon Succès. En 1610, c'est-à-dire trente-trois ans après la fondation de ce couvent, elle apparut merveilleusement à Mère Mariana de Jésus Torres, une des Espagnoles fondatrices de ce couvent et abbesse de cette communauté religieuse à l'époque. Cette femme pieuse priait dans la solitude avec une tendre dévotion en implorant l'aide de Marie, sous l'invocation du Bon Succès, pour les besoins de son âme, de ses sœurs dans le cloître et de toute la société. Elle était tant absorbée dans la ferveur de sa prière, faite avec une foi profonde et avec confiance, et animée de tels désirs de voir et de toucher Marie dans ses demandes qu'elle leva les yeux au ciel avec envie pour demander à sa Mère de venir l'aider et de lui accorder tout ce qu'elle lui demandait humblement puisqu'elle se préoccupait sincèrement du bien du couvent et de l'Eglise catholique.

Une lumière brillante inonda l'église. La bonne religieuse s'extasia en admiration devant une telle splendeur. Un étonnement soudain s'empara de son esprit et une joie inexplicable remplit son cœur. Sa foi grandissait et son dévouement augmentait tandis que la lumière continuait de diffuser une luminosité encore jamais vue devant ses yeux étonnés et éblouis. Tandis qu'une joie singulière saisissait son cœur étonné par la chaleur douce d'affections surnaturelles, elle redoubla ses prières dans une extase de confiance infinie.

Alors l'âme bénie, qui, abandonnant la terre misérable, regarda vers le ciel avec les yeux de la foi la plus vive et la plus pénétrante, s'ouvrit avec foi aux lumières divines et fut inondé par les splendeurs de la Divinité ... « L'homme juste vit par la foi. Il fait de la misérable terre son Ciel en attirant avec foi les lumières qu'aucune des étoiles du matin n'émet ».

Ravivons, ô mon âme, la foi dans les mystères révélés ; voyons, avec les yeux de notre esprit éclairé par les vérités révélées, tous les actes de notre vie, retirant nos pensées des modestes choses de la vie terrestre et, par les efforts de la foi, fixant nos esprits sur les conseils de la Divine Providence qui dirige nos cœurs. Tout particulièrement dans la prière, laissons la terre et transportons-nous en pensée vers la place la plus élevée du ciel où le Dieu Tout-Puissant et Marie, sa Fille, Mère, et Epouse, habitent, en attendant de nous une humble attitude de pèlerins. Prosternés à ses pieds, implorons les grâces dont nous avons besoin.

Prière

Ô Lumière Inaccessible de la vérité surnaturelle qui, avec Vos splendeurs célestes, illuminez le chemin qui nous mène à Vous en nous donnant Votre créature préférée, la Bienheureuse Marie, pour nous guider et nous protéger, éclairez nos esprits avec la lumière de la foi vive et ferme avec laquelle la Mère du Bon Succès brilla aux yeux de l'heureuse religieuse de ce couvent en lui faisant contempler, entièrement absorbée, ses beautés glorieuses, afin que désireux de profiter des richesses surnaturelles, nous ne puissions pas poursuivre autre chose sur la terre que la protection de la Bienheureuse Marie et une foi constante et sûre dans les mystères révélés, qui nous font vivre en contemplant la splendeur de notre bonheur futur et en désirant jouir de la vision de Vous et de la Bienheureuse Marie pour toute l'éternité. Ainsi soit-il.

Septième Jour

Considérons comme l'heureuse religieuse, dans la ferveur de sa prière et éclairée par cette vive lumière dans laquelle elle était inondée, fixa les yeux sur la source de ces rayons de lumière et trouva devant elle une dame d'une extraordinaire beauté et d'une attitude très douce. Souriante et agréable, elle brillait d'un éclat éblouissant, tenant dans son bras gauche un enfant qui brillait également comme l'étoile du matin, son visage plein de bienveillance et de sympathie, de douceur et d'affection sincère. Dans sa main droite, elle tenait un magnifique sceptre orné de perles d'or et de pierres précieuses. Son front était ceint d'une couronne d'un éclat étonnant. Elle était habillée exactement comme l'image de Marie du Bon Succès, dont nous avons considéré la merveilleuse découverte durant les premiers jours de cette neuvaine et à qui la pieuse religieuse de la Conception, qui a obtenu la faveur de cette vision, se recommandait.

La bonne religieuse ravie était en même temps confuse de se voir visitée ainsi par sa Mère Céleste. Son âme était animée d'une gratitude infinie et son cœur inondé d'affection sainte. Au milieu de ses colloques de vive foi, d'amour courageux et de confiance, elle lui demanda: «Qui êtes-vous et que voulez-vous?» Avec une voix douce et adorable, la vision lui répondit: «Je suis Marie du Bon Succès que vous avez invoqué avec une tendre affection. Votre prière m'a beaucoup plu, votre foi m'a amenée, et votre amour m'a invité à vous rendre visite.»

Réfléchis, mon âme, au privilège singulier de cette bienheureuse religieuse, qui a méritée par sa foi, son attention et sa ferveur dans la prière d'amener la Bienheureuse Vierge à lui apparaître et de contempler une telle beauté, une telle pureté et un tel charme. Pour profiter de ses splendeurs, prends plaisir à ses affections et écoute son aimable voix.

Créature bénie ! Comme vous deviez être éprise de votre Mère Céleste ! Comme votre désir de la servir et de la louer devait être véhément ! Comme vous avez dû l'aimer par la suite ! Comme vos prières devaient être continuelles, attentives et pieuses !

La bonté de Marie nous encourage aussi à l'invoquer avec une foi pénétrante dans son appellation du Bon Succès, prions toujours avec attention et confiance, considérant que seule une foi vive et prudente peut enflammer nos cœurs avec une attention vigilante et de pieuses affections qui méritent d'être entendues et favorisées par la Sainte Vierge si ce n'est par des visions privilégiées, du moins par les autres dons de la grâce et par le triomphe sur les passions et sur les ennemis de la foi catholique.

Prière

O Dieu d'infinie bonté et Père bien aimé des âmes que Vous avez choisies, Vous daignez récompenser la foi et les pieuses affections de vos élus par des visites de la Bienheureuse Marie, les emplissant d'une ferveur et d'une piété qui les mènent à la sainteté. Entendez aussi nos prières pour que les apparitions de cette statue du Bon Succès éclaire de plus en plus notre foi et nous encourage dans notre confiance d'être gracieusement écouté. Accordez-nous en son puissant patronage une foi de plus en plus vive, une confiance plus complète dans l'obtention de ce que nous demandons et une plus grande ferveur dans nos prières, de sorte que, soutenus par la faveur de cette puissante patronne, nous parvenions à nous libérer des dangers qui nous menacent, à Vous servir avec plus de détermination et à atteindre le bonheur de Votre compagnie et de celle de la Sainte Vierge au ciel. Ainsi soit-il.

Huitième jour

Considérons que la Sainte Vierge, en apparaissant à une religieuse, n'avait pas l'intention de l'avantager seule avec une grâce singulière et passagère. Les dons spéciaux de Dieu ne sont pas donnés en vain. Ils sont plutôt des plans providentiels pour favoriser la piété, stimuler le progrès moral et la discipline religieuse dans tous membres d'une communauté religieuse, d'une nation ou de l'Église. Pour cette raison, la Bienheureuse Marie du Bon Succès, dans son apparition à cette religieuse, lui dit que la volonté de Dieu était que l'on commande une statue semblable à l'apparition dans tous ses détails et qu'on la place ensuite dans le chœur où toutes les religieuses prient, au-dessus du siège de l'abbesse, afin qu'ils considèrent la statue mémorable, d'un prodige singulier, comme leur « supérieur principal ». Ainsi, elle constituerait un encouragement à une reconnaissance perpétuelle, à une attention particulière lors de la prière, à la perfection dans l'obéissance, à la fermeté dans la foi, à l'espérance confiante et à l'amour ardent de la Bienheureuse Marie, qui se proposait ainsi de résider et de régir ce couvent.

Ah, si seulement nous avions une foi vive, quel vénération et respect aurions-nous devant cette statue ! Comme nous nous souviendrions de sa bienveillante apparition, de ses promesses et de ses faveurs ! Quelle confiance nous aurions dans nos demandes, quelle attention dans notre récitation de l'Office divin, quelle ferveur dans nos prières, quelle spontanéité dans notre obéissance, quel régularité dans notre soumission aux commandements et à notre devoir d'état !

Ravive ta foi, ô mon âme, et si tu n'en as pas beaucoup, demande à Dieu et à Marie du Bon Succès de l'augmenter, de sorte que, en prenant avantage du don spécial et du singulier privilège fait à ce couvent, tu ne sois pas toi-même responsable du gaspillage et du dénigrement des grâces que la Providence t'a envoyées pour favoriser ta piété et pour exercer tes vertus de foi, de confiance, de charité, d'obéissance et de respect envers toutes tes obligations.

Prière

O Dieu, bien aimé gardien des communautés pieuses qui se réunissent en Vous et dont Vous Vous occupez par des merveilles spéciales pour leur observance régulière, Vous montrez Votre puissante Providence à travers des miracles d'évidente protection. Entendez nos prières, répondez à nos cris, allumez et rendez plus vive la lumière de notre foi en Votre puissante protection, afin que nous ne craignions pas nos ennemis. Si Vous nous protégez, personne ne nous nuira. Donnez-nous une confiance sans bornes en la Bienheureuse Marie du Bon Succès. Accordez-nous la grâce de l'obéissance et du respect de notre devoir d'état, afin que nous ne sous-estimions pas le magnifique cadeau d'une gouvernante si sainte et d'une protectrice si puissante et afin que nous puissions toujours être des sujets humbles, reconnaissants, soumis, respectueux et consciencieux. De cette façon nous pourrons un jour chanter joyeusement Vos faveurs et Vos louanges dans le Ciel en la présence du Père, du Fils, et du Saint-Esprit Qui ont accordé à Marie le privilège d'être la Fille, la Mère, et l'Epouse de la Très Sainte Trinité, un seul Dieu qui vit et règne éternellement. Ainsi soit-il.

Neuvième jour

Pensons à la façon dont la timide religieuse, en entendant l'ordre de la bienheureuse Marie concernant la réalisation d'une statue de la taille et de la forme de l'apparition, s'excusa en disant qu'il serait impossible pour un sculpteur de reproduire une telle beauté ou de déterminer précisément la hauteur et les proportions de l'œuvre. La belle vision, avec la condescendance la plus aimable, lui répondit: «Ne t'inquiète pas à ce sujet. Prends le cordon que tu portes autour de la taille et mesure ma hauteur ». Puisqu'à cause de sa timidité naturelle la religieuse n'osait pas toucher de ses mains la Sainte Vierge, Marie prit une extrémité de la corde et la tint au niveau sa tête, tandis que la bienheureuse petite religieuse prenait à ses pieds la mesure exacte de la merveilleuse vision. « Voici, dit Marie, la hauteur de la statue que tu feras faire, les autres dimensions suivront. Place cette statue à l'endroit indiqué avec un sceptre et les clefs du clôture dans ma main droite, parce que je veux être l'avocate et la protectrice de ce couvent ». Sur ces paroles, la vision disparut.

Maintenant, pénétrons le cœur de la religieuse qui venait de recevoir une faveur si singulière et une mission si plaisante de la part de la Bienheureuse Marie, comme elle devait être reconnaissante et pleine d'affection envers la Vierge. Quel souvenir pieux ! Quelles fermes intentions ! Quels désirs réconfortants... !

Mon âme, cherche ces sentiments dans ton cœur, efforce toi d'exprimer une infinie gratitude envers l'avocate et la protectrice de ce couvent et vénère cette statue avec les plus tendres remerciements et le désir ardent de correspondre à de tels bienfaits par une sainte vie, en obéissant et en observant scrupuleusement ton devoir.

La bonne religieuse, favorisée par la vision, s'efforça de faire en sorte que la statue soit faite par le sculpteur le plus compétent. Cette statue magnifique, pleine de douceur et de majesté, est là comme mémorial perpétuel. Elle est vénérée dans le chœur de ce couvent et les religieuses ont toujours recours à son patronage dans leurs pires difficultés. Elle a été le refuge des gens dans leurs besoins et, par son intercession, ils ont obtenu des miracles et des grâces spéciales pour leur communauté.

Les mesures prises par Marie sont les mesures de son humilité, de son obéissance, de son amour de Dieu et du prochain. Imitons la et nous sculpterons également une image de la Sainte Vierge dans notre cœur. Hâtons-nous comme la religieuse pour produire une image morale de notre Vierge Mère dans notre comportement et dans nos affections, dans notre attitude et notre maintien, dans notre fidélité à notre règlement de vie et dans nos prières, par notre douceur et notre franchise, par notre pureté, par notre détachement des biens terrestres, par notre seul désir des choses célestes.

Prière

O Dieu, Père attentionné de Vos créatures, qui montrez votre Providence paternelle et affectueuse envers nous de toutes les manières, spécialement en nous donnant la Bienheureuse Marie comme avocate, protectrice et modèle exemplaire de vertu, versez dans nos cœurs le désir constant d'imiter cette Reine, notre Mère, en modelant sur la Bienheureuse Marie nos pensées, nos désirs et nos actions dans la mesure où notre nature fragile le permet. Assistez-nous de Votre grâce divine pour vaincre nos passions. Par les mérites élevés de notre Mère, au nom de ses enfants qui, dans leurs besoins pressants, se tournent vers elle avec une tendre reconnaissance, accordez-nous de toujours l'avoir comme avocate, pour qu'elle nous soit favorable dans les dernières heures de notre vie et pour atteindre sa compagnie dans le Ciel. Ainsi soit-il.

Prière à Sainte Marie du Bon Succès

Très sainte Vierge, Mère aimante et protectrice de l'humanité, remède universel à tous les maux et gardienne attentionnée de nos âmes, je vénère Votre sainte statue qui représente et rappelle les faveurs de Vos soins pour les pèlerins et Votre bon patronage pour le bien de cette communauté religieuse. Confiants en Votre protection particulière, je me jette à Vos pieds pour épancher mon cœur, me repentir de mes offenses contre Dieu et contre Vous et Vous demander d'obtenir le pardon de mes fautes et de mes imperfections. Je Vous remercie une fois de plus pour tous les bienfaits que Vous nous avez accordés, pour Votre apparition miraculeuse et pour l'engagement de prédilection que Vous nous avez donné en cette sainte statue, ô notre gouvernante et notre avocate. Entendez mes cris, ô Mère, qui êtes la guérisseuse de tous nos maux. Vous ne voulez pas manquer de soigner les miens qui sont en si grand nombre, car Votre miséricorde et Votre bonté sont plus grandes qu'eux. Ne dédaignez pas de rester notre protectrice, à cause de nos misères, mais fermez les yeux sur elles en raison de la fragilité de notre nature. Entendez nos cris avec une tendre compassion. Aidez-nous, assistez-nous dans nos difficultés, détruisez les plans sinistres de nos ennemis, obtenez nous le courage et la résignation dans nos tribulations et une grande confiance dans la puissance de Dieu. Renouvelez en tous les religieux leur ferveur, afin qu'ils puissent observer fidèlement l'obéissance à leurs supérieurs et à leur règle. Donnez-nous un désir constant de Vous servir et de vous aimer comme notre supérieure, sous laquelle nous pouvons vivre unis dans un même accord de pensée et de comportement, en étant reconnaissants pour des bienfaits tels que celui de Vous avoir ici comme perpétuel souvenir de votre apparition, de sorte que, en nous servant de stimulation et d'influence surnaturelle, nous puissions aussi Vous posséder éternellement dans le Ciel. Ainsi soit-il.

Louange à Dieu et à Notre-Dame

Magnificat

Mon âme exalte le seigneur,
Exulte mon esprit en Dieu mon Sauveur !
Il s'est penché sur son humble
servante ; désormais tous les âges
me diront bienheureuse.
Le Puissant fit pour moi des merveilles ;
Saint est son nom !
Son amour s'étend d'âge en âge,
sur ceux qui le craignent.
Déployant la force de son bras,
Il disperse les superbes.
Il renverse les puissants de leur
trône, Il élève les humbles.
Il comble de biens les affamés,
renvoie les riches les mains vides.
Il relève Israël son serviteur,
Il se souvient de son amour.
De la promesse faite à nos pères,
en faveur d'Abraham et de sa race à jamais.
Ainsi soit-il.

www.ingramcontent.com/pod-product-compliance
Lightning Source LLC
Chambersburg PA
CBHW071844290426
44109CB00017B/1922